# LE SALUT

PAR

## UN ANCIEN RÉPUBLICAIN

La République est morte; les républicains l'ont tuée.

PARIS

AMYOT, LIBRAIRE-ÉDITEUR

8, RUE DE LA PAIX, 8

1871

# LE SALUT

PARIS

IMPRIMERIE BALITOUT, QUESTROY ET C<sup>e</sup>

7, RUE BAILLIF, ET RUE DE VALOIS, 18

# LE SALUT

PAR

## UN ANCIEN RÉPUBLICAIN

La République est morte ; les républicains l'ont tuée.

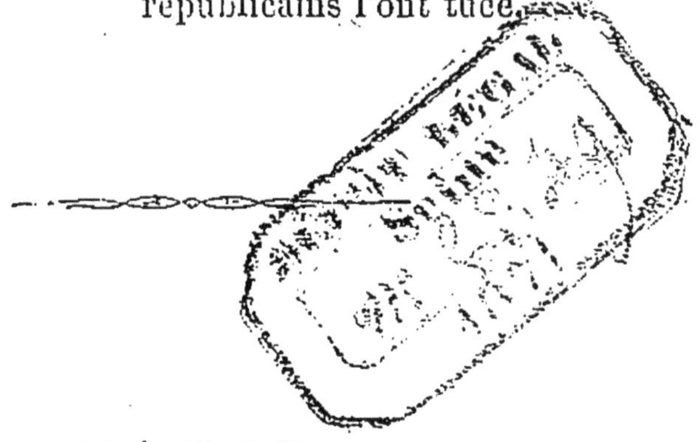

## PARIS

**AMYOT, LIBRAIRE - ÉDITEUR**

8, RUE DE LA PAIX, 8

—

1871

# LE SALUT

La République est morte; les
républicains l'ont tuée.

## CHAPITRE Iᵉʳ.

### Ce que coûte une Révolution.

L'ambition de M. Thiers est satisfaite, il
règne et gouverne ; l'Assemblée est en vacan-
ces et les Conseils généraux ont terminé leur
session. Profitons de ce moment de répit pour
examiner la situation que nous ont faite les
événements accomplis et pour demander à l'a-
venir ce qu'il nous réserve.

En agissant ainsi, nous ne faisons que suivre
les sages conseils de M. Thiers qui, après avoir
solennellement déclaré à Bordeaux qu'il tien-
drait la balannce égale entre tous les partis, a

invité, par son message du 13 septembre dernier, les membres de l'Assemblée et tous les bons citoyens à consulter la France sur le gouvernement qui répondrait le mieux à ses sympathies et à ses besoins.

## La France voulait-elle la Chute de l'Empire ?

Après la bataille de Sedan, si le courrier qui nous apportait la nouvelle de cette fatale journée, nous eût appris en même temps :

Que notre armée n'avait succombé que sous la supériorité du nombre ; que nos soldats avaient été là aussi héroïques qu'à Wissembourg, à Reischoffen, et que leurs pères à Waterloo ;

Que l'Empereur, qui n'assistait à cette bataille qu'en soldat, s'y était montré, du commencement à la fin, digne de son rang et de son nom, donnant à tous l'exemple du plus ferme courage et cherchant à se faire tuer pour ne pas survivre à notre défaite ;

Qu'il n'avait été pour rien dans la capitulation de Sedan, mais s'était borné à faire hisser le drapeau blanc pour arrêter le massacre inutile de nos soldats ; qu'il ne s'était rendu au roi de Prusse que dans l'espoir d'en obtenir, pour eux et pour la France, des conditions moins dures ; qu'enfin, les chefs de notre armée ne s'étaient résignés à capituler que parce qu'il était absolument impossible de prolonger et de recommencer la lutte ;

Qu'en ce moment le roi Guillaume aurait consenti à finir la guerre, moyennant une indemnité d'*un milliard* en plus, sans exiger la cession de deux de nos provinces ;

Que pour obtenir ces conditions, si différentes de celles que nous avons subies, nous pouvions compter sur l'intervention des puissances neutres, la Russie en tête ;

Mais qu'elles dépendaient du maintien du gouvernement impérial ; ces puissances ne voulant, pas plus que la Prusse, traiter avec une république, qui ne leur inspirait ni sympathie ni confiance.

Si la France avait connu tout cela, est-ce qu'elle aurait permis aux hommes de Septembre de renverser l'Empire, de fouler aux pieds la volonté nationale, d'usurper le pouvoir suprême ?

Non, cent fois non.

De leur côté, si les Parisiens avaient pu prévoir que la révolution, qu'ils laissaient si sottement accomplir, les conduirait aux lâchetés de la défense, aux souffrances du siége, aux hontes de la capitulation, aux horreurs de la Commune, au découronnement de Paris et à la ruine de son industrie, auraient-ils acclamé les ambitieux qui nous ont précipités dans l'abîme ?

Non, mille fois non.

* *

Et, cependant, tout cela était vrai. Sedan n'était qu'une bataille perdue, « un grand *malheur*, comme l'a dit Mac-Mahon, mais non un *déshonneur*. « Notre gloire militaire était sauve ; jamais nos soldats et leurs chefs, à commencer par l'Empereur, n'avaient montré plus de bravoure. Paris ne cessait pas d'être la capitale du monde civilisé. La France demeurait intacte avec toutes ses forces à peine entamées ; il lui suffisait de rester unie à son gouvernement national pour tout réparer.

* *

Ce n'était pas la première fois que la France perdait une bataille. Celles de Poitiers et de Pavie avaient été non moins désastreuses ; ses souverains y étaient aussi tombés au pouvoir de l'ennemi. Les avait-elle abandonnés dans leur malheur? Aucun Français n'était alors capable d'une telle infamie. Pour l'honneur de la vieille France, la race des hommes de septembre était encore inconnue.

Ces hommes, qui seront notre éternelle honte, savaient la vérité. Pourquoi nous l'ont-ils cachée? Parce qu'ils voulaient, à tout prix, renverser l'Empire pour exploiter la France à leur profit.

La calomnie pouvait seule séparer la nation du Souverain qu'elle venait, pour la quatrième fois, d'acclamer ; ils ont prodigué la calomnie. Comme Satan, c'est sur le *mensonge* qu'ils ont édifié leur puissance ; c'est par le mensonge qu'ils ont consommé notre perte.

Seuls ils recevaient les nouvelles et ne les livraient au public que tronquées ou travesties.

Dans leurs discours, leurs journaux, leurs proclamations, la défaite de Sedan était plus qu'un désastre, c'était une honte ineffaçable. Les chefs de notre héroïque armée s'y étaient montrés *incapables* ou *traîtres,* et l'Empereur, pour sauver sa vie, n'avait pas hésité à sacrifier son honneur et celui de la France !

Forcés de se retirer devant l'émeute qu'un général parjure avait laissé déchaîner au moment où l'ennemi s'avançait au cœur de la France, le gouvernement et les amis de l'Empire ne pouvaient que souffrir et se taire,

Heureusement la vérité commence à se faire jour.

Les hommes de Septembre ne sont plus seuls à parler.

Des écrivains courageux, des témoins irrécusables ont fait entendre contre les calomniateurs de l'Empire et de l'Empereur des protestations qui trouvent un écho sympathique dans le cœur du pays.

Il est aujourd'hui démontré :

Que ce n'est pas l'Empereur qui a voulu la guerre, mais l'ambition de la Prusse, qui l'avait rendue nécessaire ; que le gouvernement impérial y a été entraîné par l'opinion publique, par les Chambres, par la presse, surtout par l'opposition qui, depuis quatre ans, ne cessait d'y pousser la France ;

Que, prévoyant, cependant, une lutte prochaine, l'Empereur avait fait, dès le lendemain de Sadowa, tous ses efforts pour être prêt à la soutenir victorieusement, et que, s'il ne l'était pas au moment où elle ne pouvait plus être évitée, c'est aux journaux et aux députés de l'opposition que le pays doit s'en prendre ;

Que l'Empereur n'a été pour rien, ni dans la campagne de Sedan qu'il désapprouvait, ni dans le plan de la bataille, ni dans les causes qui ont amené la défaite de notre armée, ni dans la douloureuse capitulation qui a suivi.

Tout cela est attesté par les loyales déclarations du comte de Palikao, alors ministre de la guerre, et du maréchal Mac-Mahon qui commandait en chef dans cette malheureuse campagne, et par celles du général Ducrot qui avait pris la place de Mac-Mahon blessé, et même par le rapport officiel du général de Wimpffen, dont les fausses manœuvres ont rendu la capitulation nécessaire.

*

* *

Il est également démontré :

Qu'au lieu d'avoir opprimé et corrompu la nation, comme l'en accusent ses ennemis, l'Empereur nous a donné toutes les libertés compatibles avec l'ordre; qu'il ne s'est occupé, pendant son long règne, que d'améliorer le sort des classes laborieuses et de l'armée, de répandre partout l'aisance et l'instruction, de rassurer tous les intérêts, d'ouvrir de nouvelles voies à l'activité et à la prospérité nationales;

Que les revenus de sa liste civile ont été consacrés à encourager l'agriculture, l'industrie, les sciences, les arts, à secourir le malheur et l'indigence, à créer et à soutenir toutes les œuvres de bienfaisance publique;

Que, loin d'avoir emporté des millions à

l'étranger, ses ressources et celles de l'Impératrice suffisent à peine aux nécessités de leur modeste existence.

Qu'enfin, pendant sa captivité et son exil, les souffrances du pays ont été et sont encore l'unique objet de ses préoccupations ; qu'au lieu de conspirer pour ressaisir le pouvoir, il est fermement résolu, ainsi qu'il l'a hautement déclaré, à ne rentrer en France que par la volonté nationale.

Telle est la vérité. Tout ce qu'ont dit, tout ce qu'ont écrit contre l'Empereur les hommes du 4 Septembre et les hâbleurs qu'ils traînaient à leur suite, n'est qu'un tissu de calomnies (1).

*<br>* *

En attendant que le pays soit complétement édifié sur le compte de ces odieux personnages, il est bon qu'il sache ce que leurs mensonges lui ont coûté.

Nous allons le lui dire.

C'est le bilan de leur règne, en même temps que celui de notre ruine et de notre honte.

De quelque côté qu'on l'envisage, sous le

(1) Voir particulièrement une brochure intitulée : ILS EN ONT MENTI, *par un Rural,* où toutes ces calomnies sont victorieusement réfutées.

rapport *matériel* ou sous le point de vue *moral*, il est effrayant.

Par suite de la révolution de Septembre, la France a perdu :

Sous le rapport MATÉRIEL :

Le produit de plus de la moitié d'une année du travail national, qui ne saurait être évalué à moins de. . . . . . . . . . . 10 milliards.

Pour indemnités à payer à l'ennemi. . . . . . . . . . . . 5 milliards.

Pour intérêts de cette somme et la rançon de Paris. . . . . . 1 milliard.

Par les ravages de la guerre, le pillage, les contributions et réquisitions, en argent ou en nature. . . . . . . . . . . . 1 milliard.

Pour les dépenses de nos armées. . . . . . . . . . . . 2 milliards.

En matériel de guerre de toute sorte. . . . . . . . . . 1 milliard.

Valeur du sol, des maisons, des industries de deux pro-vinces cédées. . . . . . . . . . 8 milliards.

Ajoutons-y les pertes cau-sées sous la Commune par la suspension du travail, par le pillage, l'incendie, etc . . . . . 2 milliards.

Nous aurons ainsi un total de. 30 MILLI

Pendant les dix-huit années de l'Empire, la fortune de la France s'était accrue de *cinquante milliards ;* il a suffi de quelques mois à la République pour en dévorer plus de la moitié !

### PERTES MORALES ET EN HOMMES.

Il faut placer sous ce titre :

Les batailles et les nombreux combats où nous avons été vaincus à partir du 4 Septembre ;

La reddition de Strasbourg, de Metz, de Thionville, de Toul, de Verdun et de vingt autres forteresses ;

La capitulation de Paris, le désarmement de son armée, l'entrée des Prussiens dans son enceinte ;

L'occupation par l'ennemi de quarante départements français ;

La paix de Francfort, dont les dures et humiliantes conditions l'ont fait justement surnommer : Le *pacte d'infamie.*

300,000 officiers et soldats français prisonniers en Allemagne ;

80,000 forcés de se réfugier en Suisse ;

100,000 morts par le feu, le froid, la maladie ou des suites de leurs blessures ;

10,000 soldats de l'armée régulière, tués ou blessés dans la lutte contre la Commune ;

30,000 fédérés fusillés ou tués en se défendant ;

Plus de 50.000 en fuite, prisonniers ou déportés ;

Le massacre de l'archevèque de Paris, des autres otages et d'une foule de victimes innocentes ;

L'abandon aux Prussiens d'*un million et demi* de nos frères d'Alsace et de Lorraine ;

L'abandon aux Italiens de la capitale du monde catholique, que nos souverains avaient donnée à la Papauté pour assurer son indépendance, et que l'épée de la France, *la fille aînée de l'Eglise,* n'avait cessé de protéger ;

Enfin, ce qui ne se chiffre pas, la perte de notre influence, de notre rang parmi les nations.

*
* *

A ces pertes MATÉRIELLES et MORALES, il faut ajouter :

La diminution de nos ressources, l'augmentation de nos charges, l'abaissement de notre crédit, la ruine de l'industrie parisienne et la crise monétaire qui commence.

1 Pendant les dix-huit ans du régime impérial, es revenus de la France s'étaient accrus de 00 *millions*, sans aucune augmentation d'impôts.

En un an de république, ses revenus ont diminué de 450 *millions* et ses impôts ont augmenté de 550 *millions* ; c'est une différence de *milliard* qui pèsera chaque année sur le pays.

*<br>* *

Avant la chute de l'Empire, les intérêts de notre dette nationale montaient à 380 *millions ;* ces intérêts s'élèveront désormais à *un milliard ;* soit 620 *millions* de plus que sous l'Empire, alors que l'opposition ne trouvait pas de termes assez forts pour signaler les dangers de notre situation financière et l'énormité de nos charges !

*<br>* *

Le dernier budget du règne de l'Empereur, celui de 1869, s'est soldé par 60 *millions* d'excédant de recettes sur les dépenses.

La partie du budget de 1870, afférente au Gouvernement du 4 Septembre, se soldera par un déficit d'au moins 500 *millions*, et le déficit prévu pour 1871 sera plus considérable encore.

Le gouvernement évalue le déficit, pour ces deux années, à 1,632 millions.

L'Empire empruntait à moins de *cinq* pour cent ; la République emprunte à plus de *six et demi* ; encore n'a-t-elle pu trouver d'argent à ce prix que grâce aux immenses réserves de capitaux que la prospérité du régime impérial nous avait permis d'accumuler.

L'emprunt contracté en Angleterre par la Délégation de Tours, nous coûte plus de *huit pour cent*. Il n'était heureusement que de 250 millions ; mais, sur cette somme, il n'est guère entré au Trésor que 202 millions. 48 *millions* sont restés dans les mains des prêteurs et des négociateurs.

Les républicains sont si désintéressés ! si économes des deniers publics !

*<br>* *

Le numéraire entassé à la Banque de France, pendant les dernières années de l'Empire, et le crédit illimité dont elle jouissait, lui ont permis de prêter au gouvernement de Septembre près de *deux milliards,* sans lesquels il n'eût pu se se soutenir qu'en recourant aux mêmes moyens que sa digne fille, la Commune ; c'est-à-dire, au pillage, aux réquisitions, aux spoliations sous toutes les form

Pendant l'Empire, e    ans le co   's forcé, les billets de banque v       t-l'or    s uvent lui



2

étaient préférés; « ils faisaient *prime,* » comme l'a dit M. Thiers. Sous la République, même avec le cours forcé, le billet de banque perd *trois pour cent,* et l'on a craint le retour des *assignats,* de ruineuse mémoire.

Voilà le bilan de la révolution du 4 septembre! et nous ne sommes pas encore au bout. Ce n'est qu'à la chute de la République que nous pourrons mesurer exactement la profondeur du gouffre où elle nous a précipités.

*
* *

Si la paix eût été faite, comme elle pouvait l'être, le lendemain de Sedan, la France en était quitte pour le sacrifice *d'un milliard* et peut-être pour le démantèlement d'une ou deux forteresses.

Telle était la part de responsabilité du régime impérial.

Nos soldats vaincus, ceux de l'armée de Metz, qui ne l'étaient pas, et ceux des armées qui se formaient à l'intérieur restaient en France; nous gardions nos immenses ressources et nous pouvions nous préparer tranquillement à une revanche éclatante.

A partir du 4 septembre, toutes les défaites, toutes les ruines, toutes les hontes qui nous ont accablés, nous les devons aux auteurs et aux complices de cette révolution fatale !

Ainsi l'ambition d'une poignée de bavards, non moins impuissants que criminels, coûte à la France 30 milliards, deux de ses plus riches provinces, son rang en Europe et sa grande renommée militaire. Elle lui a valu des humiliations sans nom, des impôts écrasants, les sanglantes horreurs de la Commune et cette désorganisation morale, cet abaissement des caractères qui mettent le comble à nos malheurs.

Telle est l'effrayante réalité de notre situation.

Le pays doit la connaître et ne jamais oublier les noms des hommes néfastes qui la lui ont faite.

# CHAPITRE II.

### Qui tirera la France de l'abîme ?

Si, après le 4 septembre, malgré tout l'odieux de cette révolution, il se fût trouvé;

comme au 18 brumaire ou au 2 décembre, un homme capable de grouper autour de son nom les forces éparses du pays, la France se serait jetée dans ses bras et il en aurait fait ce qu'il eût voulu. Elle ne lui aurait marchandé ni son or, ni son sang, ni ses libertés.

Pendant de longs mois elle appela ce sauveur, ce vengeur. Elle crut l'avoir trouvé, tour à tour, dans Trochu, dans Bazaine, dans d'Aurelles, dans Chanzy, dans Faidherbe, dans Gambetta lui-même. Hélas ! les victoires attendues se changeaient bientôt en désastres, et, au lieu de libérateurs, elle n'avait plus à sa tête que les charlatans, les traîtres ou les fous furieux de la prétendue défense nationale.

Ce qui ne s'était jamais vu dans l'histoire de nos calamités, pas un homme supérieur ne s'est révélé durant cette effroyable crise !

Forcée de boire sa honte avec son sang, la France est aujourd'hui épuisée, haletante, n'osant interroger *l'avenir* et cherchant vainement dans le *présent* la main vigoureuse qui l'aidera à se relever.

Le *présent*, c'est L'ASSEMBLÉE ; c'est M. THIERS.

## L'ASSEMBLÉE.

Depuis huit mois qu'elle est nommée, qu'a-t-elle fait, cette Assemblée, et que peut-elle faire ?

Elle a ratifié le honteux traité de paix que les révolutionnaires et les traîtres de Septembre l'avaient forcée de subir ; elle a voté les impôts accablants que cette paix a rendus nécessaires ; elle a fait la loi sur les conseils généraux, qui désorganise l'administration et divise les forces du pays, au moment où il a le plus besoin de toute la puissance de son unité ; elle s'est déclarée *Constituante,* sans en avoir reçu le mandat ; elle a *confirmé,* contre tout droit, la déchéance, *qui n'avait pas été prononcée,* du Souverain que la France avait élu ; elle a satisfait la puérile ambition de M. Thiers, en changeant l'étiquette du pouvoir dont elle l'avait investi ; elle a découronné Paris et achevé de le ruiner ; puis..... c'est tout !

Le reste de son temps s'est perdu en tournois oratoires, en discussions stériles. Enfoncée dans l'ornière du passé d'où l'Empire nous avait fait sortir, l'Assemblée s'est montrée rebelle à toute réforme, à tout progrès ; elle n'a produit ni une idée, ni un homme ; et, ce qui est plus triste encore, courbée sous la férule de M. Thiers, elle n'a su ni vouloir ce qu'il fallait, ni faire ce qu'elle aurait voulu. Elle n'a pas même pu former une majorité dans son sein ; celle qui s'y montre sur certaines questions n'est que la réunion accidentelle des éléments les plus antipathiques.

Elle va bientôt rentrer, plus divisée, plus impuissante encore, et restera dans les catacombes dorées de Versailles, jusqu'à ce que la France, à bout de forces et de patience, la remplace par une Assemblée ou un gouver- qui sera véritablement l'expression de sa vo- lonté souveraine.

## M. THIERS.

Sauf l'esprit par lequel il la domine, M. Thiers est la fidèle image de la Chambre : même absence de plan, mêmes hésitations, même besoin de parler, même incapacité d'agir.

Si l'Assemblée se compose des partis les plus contraires, M. Thiers en résume tous les tiraillements. Penchant tantôt à droite, tantôt à gauche et se cramponnant au centre, ce conducteur du char de l'Etat ne s'applique qu'à l'empêcher d'avancer.

***

Au fait, pourquoi M. Thiers marcherait-il et nous ferait-il marcher avec lui?

N'a-t-il pas atteint le but de tous les efforts de sa longue carrière, de toutes les intrigues, de toutes les révolutions auxquelles il a pris part?

Sans doute, pour élever cet homme au rang suprême, il n'a fallu rien moins que le profond abaissement où les hommes de Septembre nous ont fait tomber ; cependant, la vanité produit dans certains esprits de si étranges illusions, qu'il est fort possible que M. Thiers se croie seul capable de sauver et de régénérer le pays.

Certes, ce n'est ni l'intelligence, ni l'habileté, ni l'expérience politique qui lui manquent. A-t-il, au même degré, les grandes et solides qualités de l'homme d'Etat? Ses flatteurs peuvent le lui dire ; telle n'est pas l'opinion de ceux qui le connaissent le mieux.

*
* *

A l'époque où M. Thiers était dans la force de l'âge et la vigueur de son talent, un écrivain plein de finesse, M. de Cormenin, dans son étude sur *les orateurs*, traçait de lui le portrait suivant, qui était alors d'une ressemblance parfaite :

« M. Thiers n'a pas été bercé sur les genoux d'une duchesse... Né obscur, il lui fallait un nom. Avocat manqué, il se fit littérateur, et il se jeta à corps perdu dans le parti libéral. Alors il se mit à admirer Danton et les hommes de la Montagne, et il poussa jusqu'à l'exaltation le fanatisme de ses hyperboles...

» Depuis, M. Thiers a changé de rôle. Il s'est fait auteur, fauteur et panégyriste de dynasties, souteneur de priviléges, donneur et exécuteur d'ordres impitoyables. Il a irrévocablement attaché son nom aux mitraillades de Lyon, aux magnifiques exploits de la rue Transnonain, aux déportations du Mont-Saint-Michel, aux embastillements, aux lois contre les associations, les crieurs publics, les cours d'assises et les journaux.

» Ses amis, il les a quittés ; ses doctrines libérales, il les a reniées ; il a été pour la Dynastie un instrument bon à tout, propre à tout ; de ces instruments qui plient et ne rompent jamais, qui se courbent jusqu'à joindre les deux bouts et qui se redressent comme une flèche, tant ils sont souples !...

» Son talent (de parole) n'est pas, si vous voulez, l'oraison, c'est de la causerie vive, brillante, légère, volubile, animée, semée de traits historiques, d'anecdotes et de réflexions fines ; et tout cela est dit, coupé, brisé, lié, délié, recousu avec une dextérité de langage incomparable !...

» M. Thiers est un démon d'esprit; il en a, je crois, à tous les coins de la bouche et jusqu'au bout des ongles...

» Il est plus homme de lettres qu'homme d'Etat, et plus artiste qu'homme de lettres. Il se passionnera beaucoup pour un vase étrusque, peu pour la liberté...

» Alerte orateur, incertain ministre, l'action le refroidit; la parole, au contraire, l'échauffe et l'emporte...

» Sceptique par insouciance, en morale, en religion, en politique, en littérature, il n'y a pas de vérités qui le touchent profondément, pas d'empressement à la cause du peuple qui ne le fasse sourire.

» C'est une étoffe lustrée qui chatoie et qui reflète au soleil toutes sortes de couleurs, sans en avoir une qui lui soit propre, et dont le tissu, peu serré, laisse voir le jour à travers.

» Ne lui demandez pas des convictions, il doute; des preuves de virilité, son tempérament s'y refuse.

» Je serais presque tenté de croire que M. Thiers a trop d'esprit pour être au pouvoir. Défions-nous, pour gouverner, des hommes qui parlent trop.

» Cependant il a tant de talent avec tant d'inconsistance, et tant de ressources oratoires avec tant d'étourderies, qu'on ne peut guère s'en servir ni s'en passer. Thiers est un *secours* qui sera toujours un *embarras*.

» Il n'aura jamais de soldats à lui; car on ne peut le reconnaître ni à la forme de sa tente qu'il dresse tantôt sur un terrain, tantôt sur l'autre, ni à la couleur de son drapeau qui a un peu de *rouge*, un peu de *bleu* et un peu de *blanc;* mais qui n'est ni rouge, ni bleu, ni blanc. »

Voilà vingt-cinq ans que ce portrait a été tracé; ne dirait-on pas qu'il est d'hier?

***

Comme tant d'autres girouettes politiques, M. Thiers a tourné à tous les vents de la fortune. Cependant, son caractère n'a pas changé; il est aujourd'hui ce qu'il a été précédemment, *révolutionnaire* avant tout. Il l'a dit dans une circonstance solennelle : « Je serai toujours du parti de la révolution. »

Le même homme qui a travaillé, en 1830, à renverser la dynastie des Bourbons et qui, deux ans après, aidait Louis-Philippe à rendre impossible le retour de cette dynastie, en déshonorant la mère de son dernier rejeton, est un de ceux qui ont le plus contribué à la chute de la monarchie de Juillet.

La République de 1848 ne lui ayant pas permis de jouer le grand rôle qu'il espérait, il se ligua avec les réactionnaires de la rue de Poitiers pour la jeter à terre ; et, comme son ambition n'avait pas été plus satisfaite sous l'Empire, il s'adressa aux badauds de Paris, qui l'envoyèrent à la Chambre pour recommencer son œuvre de démolition.

** **

Il n'y réussit que trop bien. Seulement, quand M. Thiers vit s'ouvrir l'abîme qu'il avait travaillé à creuser sous nos pas, plus habile que ses complices, il se garda bien de s'y laisser entraîner avec eux. Il sut se ménager pour l'heure fatale, qu'il savait prochaine, où la France épuisée de forces, affolée de douleur et pleine de dégoût pour les révolutionnaires qui l'avaient perdue, serait forcée de se jeter dans les bras du seul homme dont la popularité restait encore debout au milieu des ruines du pays.

Ces ruines étaient en grande partie son ouvrage ; mais la France ne le savait pas : tant il avait mis d'adresse à en rejeter sur d'autres la responsabilité !

** **

Étrange popularité que celle de M. Thiers ! C'est contre l'Empire qu'il s'en est le plus servi, et, pourtant, c'est principalement à l'Empire qu'il la doit !

Comme écrivain, comme orateur, comme administrateur, il a eu des égaux, même des supérieurs. Mais il a écrit l'histoire du *Consulat et de l'Empire*, qui lui a valu, de la bouche de Napoléon III, le titre *d'illustre historien national*; mais il a eu l'insigne honneur de contribuer à faire rentrer en France les cendres de Napoléon Ier, et d'en rétablir sur la Colonne la glorieuse effigie. Le peuple, dont le grand homme était resté l'idole, lui en a su gré : un rayon de cette gloire immense est tombé sur lui et l'a signalé à l'attention de la foule. C'est pour cela, non moins que pour ses dispositions pacifiques, qu'en Février, plusieurs départements l'ont envoyé à l'Assemblée nationale, qui s'em pressa de le mettre à la tête du gouvernement.

Ce couronnement des rêves de toute sa vie a dû être, pour M. Thiers, une bien douce compensation du mal qu'il s'était donné pour renverser, les uns après les autres, tous les gouvernements qui lui faisaient obtacle ! Reste à savoir si l'avantage de l'avoir pour chef, sera pour la France une compensation suffisante de tout ce que son élévation lui a coûté.

*<br>* *

Que fera-t-il de son pouvoir?

Si nous jugeons de l'avenir par le passé, M. Thiers, ne fera rien; mais il empêchera les autres de faire.

Depuis qu'il règne et gouverne, il a eu trois occasions de rendre de grands services à son pays.

*<br>* *

Avant la signature des préliminaires de paix, M. Thiers devait s'entendre avec les puissances neutres pour obtenir, de nos vainqueurs, des conditions moins dures. Il n'a rien obtenu.

Ses longues promenades dans les cours de l'Europe n'avaient pu en rallier aucune à la république des Jules Favre et des Gambetta; il ne fut pas plus heureux pour la République qui l'avait pris pour chef. Partout on l'a comblé de politesses en lui tournant le dos. M. de Bismarck n'a rien rabattu de ses exigences. Il n'a pas discuté, il a dicté à M. Thiers les conditions de paix qu'il lui plaisait de nous imposer, comme il les aurait dictées à *Paschal Grousset* ou à *Pipe-en-Bois;* et les larmes que cet ignoble traité a fait couler des yeux de M. Thiers, pas plus que celles de Jules Favre, n'ont pu en effacer la honte.

Il y avait un moyen infaillible de nous concilier les sympathies des puissances étrangères; c'était, avant de s'adresser à elles au nom d'une république qui n'était basée que sur l'émeute et qui ne pouvait leur inspirer que de l'aversion, de consulter la France sur le gouvernement qu'elle préférait; puis, de se présenter devant l'Europe comme mandataire de la volonté nationale.

Sans doute la France aurait rétabli la monarchie, et nous y aurions gagné, avec le concours des autres monarchies européennes, des conditions, à la fois, plus douces et moins humiliantes.

M. Thiers le savait mieux que personne. Mais, avec l'appel au peuple, c'en était fait de cette présidence de la République depuis si longtemps convoitée; et, que seraient devenus les hommes de Septembre, et leurs complices, et leurs créatures, qui s'étaient partagé les dépouilles de l'Empire? Devant de telles considérations, l'intérêt et l'honneur du pays devaient nécessairement s'effacer !

*<br>* *

Une autre occasion de mériter la reconnaissance nationale s'est présentée à M. Thiers, quelques jours après.

En quittant Bordeaux, le devoir de l'Assemblée était de rentrer dans Paris, et celui de M. Thiers de l'y ramener, ne fût-ce que pour y rétablir l'ordre si profondément troublé par le règne des Septembriseurs, prévenir la guerre civile et saisir fortement le gouvernail de notre navire en détresse.

Une capitale comme Paris, centre où, depuis des siècles, tout aboutit et d'où tout part, ne se supprime point par un décret, encore moins par un caprice; et la puissance qui réside en elle, ce n'est pas M. Thiers qui pouvait l'emporter à la semelle de ses souliers.

Non seulement l'Assemblée a commis la faute de ne point s'installer à Paris, mais M. Thiers et ses ministres n'ont pas eu le courage d'y rester.

Aux premières manifestations de l'émeute, qu'il était facile de prévenir ou d'écraser à son début, ils ont fui comme une troupe de lièvres effarés, emmenant avec eux soldats, gendarmes, sergents de ville; tout ce qui pouvait faire tête au désordre : abandonnant ainsi à une poignée de scélérats une capitale de deux millions d'âmes, avec ses immenses richesses, ses monuments incomparables, ses arsenaux, ses forteresses, sans parler de plus de deux cent mille gardes nationaux qui ne demandaient pas mieux que de défendre l'autorité, si l'autorité ne les eût pas laissés sans appui, sans chef, sans direction.

L'émeute a été vaincue ; mais par qui, et à quel prix ? Pour rentrer dans Paris en cendres et noyé dans le sang, le Gouvernement s'est vu forcé d'attendre le retour des soldats et des généraux de l'Empire.

N'eût-il pas mieux valu ne pas en sortir ?

Mais on eût dit que les lauriers des hommes de Septembre empêchaient M. Thiers de dormir. L'incapacité et la lâcheté des premiers avaient livré la France aux Prussiens et armé la révolte ; la faiblesse, pour ne rien dire de plus, de leurs successeurs a livré Paris aux fureurs de la Commune. Ceux-ci n'ont donc rien à reprocher à ceux-là ; les uns et les autres ont également bien mérité du pays !

*<br>* *

Une troisième occasion de servir la France est, depuis longtemps, offerte à M. Thiers. Il l'a jusqu'ici négligée ; mais il faut espérer qu'il saura bientôt réparer sa faute.

C'est de débarrasser la France d'une Assemblée qui ne la représente plus ; c'est de faire un loyal appel à la volonté du pays qui se meurt ; c'est de déposer un fardeau trop lourd pour ses épaules débiles ; c'est d'offrir en holocaute, sur l'autel de la patrie, « les restes d'une voix qui tombe et d'une ardeur qui s'éteint ; » c'est, enfin, de couronner dignement sa longue carrière révolutionnaire, en se renversant lui-même.

**
* *

Car il ne doit plus se faire illusion. En présence des grandes mesures que réclame, d'urgence, le salut du pays, M. Thiers a prouvé qu'il était radicalement impuissant.

Qu'a-t-il fait, depuis huit mois, pour réorganiser notre armée ? Où sont ces masses de soldats qu'on nous promettait ? où sont seulement ces cadres qui devaient s'ouvrir pour tous les Français valides et les préparer à fondre sur l'Allemagne, comme un torrent irrésistible, aussitôt que l'heure de la vengeance aurait sonné ?

C'est là le plus impérieux devoir de la France. Elle peut supporter toutes les calamités ; le déshonneur seul la tuerait.

M. Thiers s'en est-il occupé ? ou serait-il vrai, comme on l'a dit, qu'il ne songe qu'à ressusciter la loi de 1832, avec son effectif de *trois* à *quatre cent mille* hommes, et avec tous les moyens qu'elle offre aux riches de s'exempter du service militaire ?

S'il en est ainsi, la France n'a plus qu'à s'ensevelir dans sa honte. Elle est rayée du nombre des nations.

Loin de nous la pensée de nous arrêter à cette indigne calomnie qui prétend que, si tous les Français valides ne sont pas encore appelés sous les drapeaux, c'est parce que M. de Bismarck ne le veut pas. M. Thiers aime trop son pays pour lui faire subir cet excès d'ignominie !

*
* *

Et la question sociale, et les menées de l'*Internationale* dont les crimes de la Commune ont révélé la terrible puissance, qu'a fait le Gouvernement pour y parer ?

La fin sanglante des fédérés derrière les barricades, les souffrances de ceux qui sont entassés sur les pontons et les châtiments qui les attendent, loin de les apaiser, n'ont fait qu'irriter leur colère ; l'amnistie, que le pouvoir va être forcé de leur accorder, faute d'avoir su faire prompte et sévère justice de leurs crimes, ne peut qu'augmenter le péril.

M. Thiers et ses ministres ont-ils seulement fixé leur attention sur cette question redoutable ?

*
* *

L'Empire en avait fait l'objet de son incessante sollicitude.

Ne pouvant la supprimer, il en avait cherché et préparé la solution pratique dans la conciliation des intérèts en lutte. Toutes les mesures qu'il avait prises, toutes les institutions qu'il avait créées ou encouragées pour améliorer le sort des masses, pour accroître leur bien-être, pour les instruire et les moraliser, pour faciliter l'entente des ouvriers avec les patrons, c'est-à-dire l'alliance du capital et du travail ; tout cela n'avait d'autre but que d'arriver, sans secousses, à la solution du problème social.

Et il y serait infailliblement parvenu, si la bourgeoisie avait su le comprendre, si les ouvriers n'avaient eu la sottise de se liguer avec l'opposition révolutionnaire pour renverser le seul gouvernement qui les aimait, qui pouvait servir efficacement leur cause.

Le fameux Proudhon, qui se connaissait en réformes démocratiques, ne s'était pas trompé sur la politique de l'Empereur. Quelque temps avant sa mort, causant avec un impérialiste de ses amis, il lui disait dans son rude langage : « J'aime votre homme ; il *fait* ce que nous *blaguions*. »

Mais que peuvent attendre les masses populaires de cet illustre entêté qui, en 1848, ne voyait en elles qu'*une vile multitude,* et qui, après s'être opposé toute sa vie aux idées de progrès, même à l'établissement de nos premiers chemins de fer, ne songe, dit-on, qu'à revenir sur les grandes réformes économiques et sociales, accomplies par l'Empire?

*
* *

Et notre situation financière! Personne, mieux que M. Thiers, n'est à même de nous en exposer l'effrayante gravité. Mais par quels moyens son Gouvernement prétend-il l'alléger? Il n'en a pas encore trouvé d'autres, que d'augmenter les anciens impôts et d'en créer de nouveaux. Or, est-ce en frappant tous les objets de consommation, est-ce en rétablissant les droits de douane au détriment de notre industrie, qu'il espère ranimer la confiance et rendre au travail national cette activité féconde, ces vastes débouchés sans lesquels la France ne pourra ni payer ses dettes, ni se relever de ses ruines?

Malgré tous les talents de M. Thiers, ce n'est donc pas en lui que la France trouvera le Messie qu'elle attend.

*
* *

Nous ne sommes pas les seuls à penser ainsi de M. Thiers; d'autres le jugent plus sévère-

ment encore. Citons seulement quelques lignes
d'un publiciste plein de sens et de patriotisme,
M. J. Richard disait, ces jours derniers, dans
*le Gaulois :*

« Tant que la France sera dans le provisoire,
M. de Bismarck se permettra de la traiter
comme il la traite, c'est-à-dire en nation défi-
nitivement vaincue. Or, c'est une *humiliation*
pour la France que l'on confonde en Europe
ses intérêts avec ceux de M. Thiers, qu'on se
figure que son cœur batte à l'unisson de celui
de M. Thiers, que M. Thiers est la France, et
la France M. Thiers. M. Thiers n'est qu'un
accident dans notre politique.

» Certes, je ne veux pas diminuer l'influence
qu'il a exercée sur les événements ; je la crois
*désastreuse ;* je crois qu'il a été mauvais citoyen
depuis Sadowa, parce qu'il a eu une politique
à lui, différente de celle de l'Etat qui représen-
tait la France mieux que lui ; je crois que, dès
la constitution du ministère du 2 janvier,
M. Thiers a espéré *renverser l'Empire à son
profit ;* je ne nie pas l'habileté de M. Thiers,
mais j'affirme que son habileté a été *nuisible*
au pays.....

» Voilà pourquoi c'est un *grand malheur*
pour la France d'être tombée dans les mains de
M. Thiers au sortir des mains de M. Gambetta.
M. Gambetta voulait être le seul qui sût faire

la guerre ; M. Thiers veut être le seul qui sache faire la paix.....

» J'ai entendu des militaires intelligents affirmer qu'il fallait que ce fût la pression allemande qui nous interdît le service *obligatoire,* car ils n'admettaient pas que cette grande réforme, si nécessaire, fût reculée d'un seul jour, s'il n'y avait pas un empêchement absolu à son adoption ; cependant, cette supposition n'est pas exacte.

» Nous payons gros le bonheur d'être gouvernés par M. Thiers, et lorsqu'il vient nous dire qu'*il répare les fautes des autres,* nous lui répondons que c'est en en faisant de *beaucoup plus fortes,* comme MM. Jules Favre et Gambetta qui, sous prétexte de réparer les fautes de l'Empire, ont *quadruplé nos malheurs.* »

*<br>* *

Que l'Assemblée ait sagement fait de lui confier momentanément le pouvoir, pour donner au pays le temps de se reconnaître, personne ne le conteste et chacun convient qu'eu égard aux circonstances, il était difficile de faire un autre choix.

La France se trouvait comme une maison abandonnée ; il lui fallait un gardien fidèle pour la défendre contre les *voleurs* en attendant la rentrée du *maître*. Tel est le rôle de M. Thiers, et nul doute qu'il le comprenne ainsi.

*<br>* *

Les VOLEURS on les connaît. Ce sont toujours les hommes de Septembre; c'est la même bande, ce sont les mêmes chefs, traînant après eux cette affreuse queue rouge, composée de tous les déclassés, de tous les perturbateurs, de tous les bandits de l'Europe, qui n'attendent que l'occasion pour se ruer de nouveau sur la France et l'achever.

*<br>* *

Le MAITRE?... Qui pourrait-il être, si ce n'est le pays lui-même?

Au milieu des ruines de tous les principes, un seul est resté debout : celui de *la souveraineté nationale*. Tous les partis déclarent qu'il n'appartient qu'à la France de disposer de ses destinées.

A qui, à quelle forme de gouvernement va-t-elle les confier?

*<br>* *

La France ne peut choisir qu'entre la *monarchie* et la *République*.

Nous avons eu trois monarchies :

Celle des Bourbons ou la *légitimité*,
Celle des d'Orléans ou la *quasi-légitimité*,
Et celle des Napoléon ou l'*Empire*.

Nous avons eu également trois républiques :
Celle de 92 à 99,
Celle de 48 à 51,
Enfin, celle de 70, qui dure encore.

Dans quelle monarchie ou dans quelle république la France trouvera-t-elle son salut?

Si, comme pour les arbres, on juge des gouvernements par leurs fruits et de la confiance qu'ils inspirent, par leur durée, le jugement du pays n'est pas douteux.

---

# CHAPITRE III

## La République

La monarchie a régné sur la France pendant quatorze siècles. Les deux premières républiques n'ont fait qu'y passer. Celle de 92 a vécu, ou, pour mieux dire, s'est traînée sept ans et celle de 48 à peine quatre ; la dernière n'est pas née viable. Confiée aux soins d'un vieillard qui l'élève au biberon, elle expirera un de ces jours dans ses bras.

***

Dans la longue suite de nos rois, plusieurs se sont montrés indignes du haut rang où la Providence les avait placés. C'est cependant sous la monarchie que la vieille Gaule, ravagée, déchirée par les invasions barbares, s'est reconstituée dans cette puissante unité qui l'a faite la reine des nations; c'est sous la monarchie que nos grands penseurs, nos illustres écrivains ont découvert et mis en lumière ces grands principes que la Constituante, d'accord avec le plus infortuné de nos rois, a proclamés, et que Napoléon a réunis en un Code qui est devenu l'évangile politique et social des temps modernes.

***

La République n'a été pour rien dans la conquête de ces principes immortels ; alors elle n'était pas née. Sans doute, elle les a défendus contre les attaques du dedans et du dehors, mais souvent en les rendant odieux, tandis que l'Empire les défendait tout en les faisant aimer.

Ce qui appartient en propre à la première République, ce qu'elle a transmis comme un legs fatal à toutes celles qui l'ont suivie, ce sont ses excès : les massacres de septembre, les fusillades de Lyon, les noyades de Nantes, la guillotine en permanence, la guerre civile, les spoliations, les proscriptions en masse, la profanation des églises, les persécutions religieuses, les assignats, le maximum; en un mot, toutes les horreurs de 93, couronnées par les lâchetés et les turpitudes du Directoire.

Quel souvenir nous reste-t-il de la république de 48, si ce n'est celui des émeutes incessantes, des ateliers de la paresse, soi-disant *nationaux*, des sanglantes journées de Juin, de l'anarchie et de la misère?

Si nous lui devons la restauration du suffrage universel que le premier Consul avait inaugurée ne l'a-t-elle pas mutilé dès l'année suivante, en enlevant le droit de vote aux masses populaires? et n'a-t-il pas fallu, pour le leur rendre, le coup d'Etat qui a tué cette république?

La troisième, celle du 4 septembre, nous l'avons vue à l'œuvre; c'est l'*abomination de la désolation*. En quelques mois, elle a dépassé les excès de toutes les autres. Aucun gouvernement n'a déchaîné sur un peuple autant de calamités.

Si cette dernière épreuve ne suffit pas pour

en dégoûter la France, il faut désespérer de son salut.

*
* *

Il y a cependant des gens qui demandent d'en prolonger l'essai! mais qui sont-ils?

M. Thiers, d'abord, qui, naturellement, ne connaît pas de meilleur gouvernement que le sien, mais qui serait le plus implacable ennemi de la République, s'il n'en était le chef.

Puis ceux qui, après avoir renversé l'Empire, se sont rués, comme des chacals, sur son cadavre pour s'en partager les lambeaux, et qui tremblent à la pensée du compte terrible qu'ils auront à rendre aussitôt que le pouvoir ne sera plus aux mains de leurs complices;

Puis les républicains de la veille, qui n'ont que ce titre pour être attelés au char et au râtelier de l'Etat;

Puis, enfin, cette hideuse cohue de pilliers de cabaret, de culotteurs de pipes, d'orateurs de clubs, de repris de justice, d'échappés des bagnes, d'enfants perdus de la débauche et du crime; en un mot, la lie de la société.

Joignez-y les avocats sans causes, les médecins sans malades, les professeurs sans élèves, les faiseurs sans affaires, les ambitieux impuissants, les envieux et les intrigants sous tous les régimes, plus quelques innocents rêveurs, et vous avez la collection complète de nos républicains.

« Il y a des honnêtes gens dans ce parti, disait un orateur qui le connaissait bien, mais tous les coquins en sont. »

Comme il est flatteur de se trouver en pareille compagnie !

*
* *

Théoriquement, rien n'est plus beau que la République, c'est par là qu'elle attire les jeunes gens et les sots; nous y avons été pris comme les autres. Mais elle n'est pas plutôt établie que les républicains la font détester.

Les trois républiques que nous avons essayées n'ont pu durer quelque temps qu'en foulant aux pieds leurs principes et en se jetant dans les bras des serviteurs de la monarchie.

*
* *

Comment expliquer, cependant, qu'après la chute d'un gouvernement monarchique, la France n'ait rien de plus pressé que de proclamer la République ?

L'explication est facile.

Ce n'est pas la France qui proclame la République; ce sont les chefs de la révolution triomphante.

Est-ce qu'en 92 la majorité du pays était républicaine? L'était-elle en 48. L'est- elle aujourd'hui? Les républicains et leurs chefs sont tellement convaincus du contraire, qu'ils ne veulent, à aucun prix, interroger la France sur le gouvernement qu'elle désire.

****

Sait-on pourquoi tous les révolutionnaires sont républicains?

L'intérêt du pays n'y est pour rien. Ce qu'ils veulent, pour eux d'abord, puis pour leurs auxiliaires, c'est le pouvoir, avec les emplois, les honneurs et l'argent qui en découlent.

Une monarchie, c'est-à-dire un gouvernement régulier, les remettrait immédiatement à leur place ; tandis que la République, où le désordre est de droit, les élève au pinacle et leur permet de pêcher en eau trouble.

D'ailleurs, si la république succède toujours à la monarchie, n'est-il pas vrai que la monarchie ne manque jamais de remplacer la république? Avec cette différence que la république ne fait que paraître et disparaître, distan que la monarchie se maintient quinze ou vingt ans, quand elle ne dure pas des siècles.

****

D'où vient cette différence ?

C'est que toutes nos monarchies nous ont donné l'ordre, et, avec l'ordre, un certain degré de prospérité. La république, au contraire, ne nous a jamais apporté que le désordre, avec la ruine qui en découle fatalement.

En monarchie, la France est comme un essaim d'abeilles qui, sous la conduite de leur reine, butinent en sécurité le miel dont elles remplissent leur ruche ; tandis que, des flancs de la république, la France n'a jamais vu sortir que des frélons affamés qui se précipitent sur les abeilles, tuent leur reine et dévorent en un instant les trésors qu'un long travail avait amassés.

Aussi n'est-ce pas sans motifs que l'Empire avait pris les *abeilles* pour emblème ; ce sont véritablement ses armes parlantes, comme celles de la République devaient être la carmagnole du mendiant, le bonnet rouge du Galérien et le faisceau de piques surmonté de la hache du bourreau. Il était impossible d'exprimer plus fidèlement le régime de misère, de pillage et de sang sous lequel la République nous a toujours fait vivre.

Ceci nous remet en mémoire une autre allégorie que tous les enfants connaissent ; nous voulons parler du *songe de Pharaon*.

Que représentent les vaches grasses, si ce

n'est les années d'abondance de la monarchie ?
Et les vaches maigres, sinon les années de di-
sette de la république, qui succèdent aux
premières et les dévorent? Heureuse encore
la nation, quand elle rencontre un Joseph dont
la prévoyance l'empêche de mourir de faim !

Que serait devenue la France avec la république actuelle, sans les économies entassées
pendant les années prospères de l'Empire ?

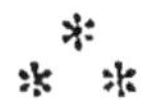

Une chose que les utopistes ne veulent pas
comprendre, c'est que, par sa position et son
tempérament, la France est radicalement anti-
républicaine ; que ses mœurs, ses habitudes,
ses besoins, son industrie, ses arts, son organi-
sation sociale et toute son histoire lui rendent
la monarchie nécessaire ; que Paris surtout
ne saurait se passer d'une cour qui alimente le
uxe, vivifie le commerce et y attire les étran-
gers.

Le premier, le plus impérieux besoin de notre nation est l'*unité;* l'unité en toute chose,
en politique, en administration, en religion.

Ce n'est pas seulement l'ambition de nos rois
qui a réuni en un tout indivisible les provinces
longtemps éparses dont la France se compose ;

sa constitution unitaire est duc surtout à l'instinct national.

Qu'on nous cite une seule guerre de nos souverains contre ces grands vassaux qui s'obstinaient à rester indépendants, où le peuple n'ait pas fait cause commune avec la Royauté !

À l'époque de la Renaissance, malgré tous les abus du Catholicisme, malgré le puissant appui que les grands seigneurs donnaient à la Réforme, a-t-il été possible de la fonder en France? Celle-ci était si énergiquement résolue à maintenir l'unité de sa foi, qu'elle ne consentit à se soumettre au plus populaire de ses souverains qu'à la condition qu'il abjurerait solennellement le schisme.

Quant à l'unité de législation, d'administration, de monnaies, de poids et mesures, depuis des siècles la France la réclamait. Pour l'établir, la Révolution de 89 n'a eu qu'à convertir en décrets les vœux unanimes consignés dans les cahiers des provinces.

*

* *

Cette soif d'unité qui caractérise la France exige impérieusement l'unité et la stabilité dans le pouvoir suprême.

Tout se tient chez un peuple. A quoi servirait l'unité dans les différentes branches de l'activité nationale, si le gouvernement qui les dirige et les protége toutes était composé d'éléments divers et sujet à de perpétuels changements? Or, les divisions, les changements ne sont-ils pas l'essence même de la République?

Vous aurez beau placer à sa tête un seul président, il ne sera jamais nommé que pour un temps très court, et vous ne pourrez empêcher les partis contraires de se coaliser pour le renverser, pas plus que vous n'empêcherez son successeur de suivre une autre politique.

Mais qu'est-ce qu'une politique qui change tous les trois ou quatre ans; et que devient l'unité nationale avec un gouvernement qui tourne à tous les vents des partis? En cet état de choses, quelles entreprises peuvent se fonder, quelles améliorations se réaliser, quels projets sérieux aboutir?

On ne bâtit rien de solide sur un sable mouvant.

* *

Pour défendre la cause de la République, ses partisans nous jettent sans cesse à la tête ces trois grands mots : *Liberté, Egalité, Fraternité!* qu'ils revendiquent comme leur apanage exclusif et qu'ils inscrivent sur tous nos monuments, faute de les avoir gravés dans leur cœur.

Mais n'est-ce pas sous les dernières monarchies que nous avons joui de la plus grande somme de libertés ? N'est-ce pas sous la royauté que l'égalité a été proclamée ? Et où avons-nous appris à nous *aimer les uns les autres*, si ce n'est dans l'Evangile du Christ ?

Par contre, y eût-il jamais despotisme pareil à celui de la Terreur ? d'égalité plus révoltante que celle qui rabaisse toutes les supériorités sociales ? Et quelle fraternité que celle des assommeurs de Septembre, des insurgés de Juin, des voleurs et des assassins de la Commune !

La République ne nous a jamais donné que le contraire de ce qu'elle promettait.

*<br>* *

D'ailleurs, la France n'est pas seule au monde ; elle a des voisins dont les intérêts sont étroitement liés aux siens et dont elle doit se préoccuper.

Ces voisins sont tous, un seul excepté, des Etats monarchiques. Or, on sait que, dans ces Etats, le principal intérêt, celui qui passe avant tous les autres, est la conservation de leur monarchie. Mais on sait aussi que, de toutes les nations, celle dont l'exemple exerce sur les autres la plus puissante influence, c'est la France ; que, par conséquent, si la République parvenait à s'y établir, toutes les monarchies européennes courraient risque d'être renversée.

De là l'antipathie des puissances étrangères contre notre république; de là notre isolement dans le monde; de là l'impossibilité de nous créer aucune alliance qui nous aide à nous relever et à nous venger.

Ces considérations ne sont, sans doute, d'aucun poids dans l'esprit des *intrépides* citoyens qui nous ont si bien prouvé que la République suffit à tout, qu'elle n'a qu'à frapper du pied la terre pour en faire sortir des légions victorieuses ! mais la France est revenue de ces fanfaronnades du vieux jacobinisme. Elle les a payées trop cher pour s'y laisser prendre encore.

*<br>* *

Que la République soit possible en Amérique, dans ces pays peuplés d'émigrés venus de tous les coins du globe, sans traditions, sans liens qui les unissent, et n'ayant devant eux que l'espace immense ; qu'elle soit également possible en Suisse, dans un petit État que sa neutralité protége contre toute attaque du dehors, personne ne le conteste.

Mais quel rapport y a-t-il entre un peuple

neuf ou sans importance et cette vieille nation composée de 38 millions d'âmes, entourée de voisins menaçants, et qui ne peut faire un mouvement sans ébranler le monde ?

***

Nous ne connaissons que deux moyens d'établir chez nous la République : Isoler la France de toutes les autres nations, ce qui n'est pas possible, ou supprimer les ambitieux en rendant toutes les fonctions gratuites. Mais, alors, il n'y aurait plus de républicains.

La République étant impossible, l'unique espoir de la France est donc dans le rétablissement de la monarchie.

## CHAPITRE IV.

### La légitimité et l'orléanisme.

Parmi les trois monarchies en présence, quelle est celle qui répond le mieux aux besoins, aux sympathies de la nation, et qui mérite le plus sa confiance ?

Il faut distinguer avec soin la France *nouvelle* de la France *ancienne*.

La vieille France se composait du Clergé, de
la Noblesse et du Tiers-Etat qui comprenait la
bourgeoisie et le peuple.

Aux deux premières classes appartenaient
tous les droits, tous les priviléges : la propriété
du sol, les hautes fonctions publiques, les gra-
des dans l'armée et la marine, les bénéfices religieux, l'exemption des impôts ; en un mot,
tous les avantages sociaux, sans les charges.

La bourgeoisie était parvenue à obtenir certaines franchises qui la laissaient encore bien
au-dessous des deux premières classes, mais
qui, cependant, la distinguaient de la masse du
peuple. Celui-ci n'avait d'autre privilége que
d'obéir à tous, de travailler et de payer pour
tous. C'était *Jacques Bonhomme,* le porte-bât,
le souffre-douleur de la grande famille française.

Le chef de cet Etat politique et social était le
Roi, roi absolu, héréditaire en vertu d'un droit
qui se perdait dans la nuit des temps et qu'il
faisait, pour cela, remonter jusqu'à Dieu lui-
même dont il était, comme le Pape, la vivante
image sur la terre.

Aussi ne régnait-il que par la *grâce de
Dieu.* En lui seul résidait la souveraineté.

L'*Etat,* c'était le *Roi.* Toute puissance, toute justice, toute loi émanaient de sa volonté : « Si veut le roi, si veut la loi. » La nation ne se composait que de sujets dont l'unique devoir était d'obéir.

****

Tel est le régime sous lequel la France a vécu jusqu'en 89.

A cette mémorable époque s'accomplit une révolution qui le renversa de fond en comble.

La proclamation de *l'égalité des droits* et de *la souveraineté nationale* a creusé entre l'ancien monde et le nouveau, non pas seulement une séparation profonde, mais un abîme infranchissable où se sont engloutis pêle-mêle tous les priviléges, toutes les distinctions de races et de castes, pour ne plus en sortir.

Cette transformation radicale était, dans l'ordre politique et social, la conséquence naturelle, le complément nécessaire de celle que le Christ avait acccomplie dans l'ordre religieux.

Elle a eu aussi ses combats et ses martyrs ; elle a coûté à la France des années de luttes héroïques et des torrents de sang ; mais enfin la grande œuvre a triomphé ; elle peut dire aussi que « les portes de l'enfer ne prévaudront jamais contre elle. »

*
* *

La dynastie des Bourbons était la clef de voûte de l'ancienne France ; elle a dû tomber avec le vieil édifice qu'elle couronnait. La chute de Louis XVI était fatale, bien que sa mort violente ait été un crime inutile.

En versant le sang du meilleur des rois, de celui à qui la Constituante avait décerné le titre de *Fondateur de la Liberté française*, la République a plus fait pour la restauration de sa race que toutes les armées de la coalition.

Car cette race n'était pas éteinte ; il en restait des rejetons que les puissances étrangères s'empressèrent de replacer sur le trône de France aussitôt qu'elles eurent renversé le glorieux défenseur des conquêtes de la Révolution.

*
* *

A peine restaurés, les Bourbons ne s'occupèrent qu'à relever, sur les mêmes bases, d'après le même plan, avec les mêmes matériaux, le vieil édifice social ; et s'ils n'ont pas complètement réussi, ce ne fut ni leur faute ni celle de leurs conseillers.

Pendant les dix mois qu'a duré la première restauration, Louis XVIII, sa famille, sa cour, ses ministres n'ont travaillé que dans ce but.

La France nouvelle n'était à leurs yeux que le produit d'une coupable révolte. Tout ce qui s'était fait dans la nation, depuis 89, était nul et non avenu. La République, le Consulat, l'Empire, devaient être rayés de l'histoire. La dynastie des Bourbons n'avait jamais cessé de régner; Louis XVIII avait succédé à Louis XVII, comme ce malheureux enfant avait succédé à Louis XVI. Avant même qu'il ne fût rentré dans le palais de ses pères, Louis-Stanislas-Xavier datait ses proclamations, ses décrets de la *dix-neuvième année* de son règne. Il arrivait « pour renouer la chaîne des temps, » pour effacer jusqu'au souvenir de ce que la France s'était permis d'accomplir en dehors de sa royale autorité.

Le coup de tonnerre du retour de l'île d'Elbe, qui le renversa, ne put le corriger. Louis XVIII mit seulement plus de prudence dans sa marche rétrograde; mais son successeur, le prince qui, dans l'exil, avait le moins *appris* et le moins *oublié,* ne tarda pas à se jeter à corps perdu dans la réaction.

On sait ce qui arriva. La France nouvelle, indignée, se souleva comme un seul homme et renversa cette dynastie qui s'obstinait à la ramener à un état de choses dont elle ne voulait plus.

*
* *

A cette époque, le souvenir de la République était encore trop récent pour que le pays songeât à la rétablir. Elle lui répugnait peut-être moins que la Royauté de droit divin, mais il la redoutait davantage. Voulant une monarchie, il accepta de confiance celle que la bourgeoisie lui offrit.

On ne fait pas un roi avec le premier venu. Le duc d'Orléans était de race royale, et, en même temps, fils de régicide; il affichait des principes libéraux ; il se montrait tout prêt à remplacer le drapeau blanc, devenu antipathique à la nation, par les *glorieuses couleurs* qu'il avait autrefois *portées;* il était simple et rangé dans ses mœurs; il avait, enfin, ces habitudes d'ordre et d'économie qui plaisent tant aux classes moyennes.

Ainsi, d'une part, sa royale origine le rapprochait du Trône; de l'autre, il avait donné par lui-même et par sa famille des gages à la révolution; c'en était assez pour le désigner au choix du parti qui venait de triompher. Louis-Philippe fut donc proclamé roi, et *parce qu'il* était, et *quoiqu'il* fût Bourbon.

Si, à ce moment, le *fils de l'homme,* ainsi qu'on l'appelait alors, si le roi de Rome se fût trouvé à l'Elysée comme le duc d'Orléans était au Palais-Royal, la bourgeoisie aurait eu beau vouloir donner la Couronne à Louis-Philippe ; l'armée, le peuple de Paris, toute la France à la suite auraient acclamé Napoléon II.

Malheureusement ce précieux otage de la coalition était à Vienne, et sa mort prématurée délivra bientôt le Roi-citoyen du plus terrible cauchemar qu'il ait jamais eu.

*

* *

Au reste, la royauté de Juillet avait sa raison d'être. Les Bourbons, qui représentaient les intérêts de la noblesse et du clergé, une fois renversés, le tour de la royauté bourgeoise était venu.

La bourgeoisie se hâta d'en profiter. Comme le clergé et la noblesse elle voulut aussi avoir ses priviléges. La loi électorale qui exigeait 200 fr. d'impôts pour être électeur et 500 fr. pour être éligible, mit dans les mains de *deux cent mille* aristocrates d'une nouvelle espèce tous les droits politiques, toutes les positions lucratives, toutes les faveurs du gouvernement.

Ce fut le règne de l'argent. L'ancien régime était rétabli sur une autre base et sous un autre nom.

Quant à la masse du peuple, qui formait

presque toute la nation, elle en était réduite, comme avant 89, à obéir et à se taire.

*<br>* *

De même que la bourgeoisie avait remplacé la noblesse, de même la royauté quasi-légitime remplaça la légitimité. Il y avait là double abaissement, et c'est à peu près tout ce que la France y gagna.

Les Bourbons avaient défendu les priviléges de la noblesse ; Louis-Philippe voulut, de son côté, défendre ceux de la bourgeoisie. C'est aussi ce qui le perdit. Il tomba pour avoir refusé d'accorder aux privilégiés de l'intelligence les droits dont jouissaient les privilégiés de la fortune ; et il tomba comme il devait tomber, eu égard aux sentiments et aux habitudes de la classe sur laquelle il s'appuyait.

La noblesse avait généreusement défendu ses rois ; elle avait bravé pour eux l'exil, la ruine, la mort. La bourgeoisie, qui n'a jamais égalé la noblesse, si ce n'est par ses vanités prétentieuses, s'est bien gardée de défendre le *Roi de son choix ;* elle l'a laissé partir sans brûler une amorce, sans faire un pas pour le suivre, sans sacrifier une obole pour l'aider à revenir.

On dit qu'elle réclame, aujourd'hui, son

petit-fils. Si le comte de Paris n'a pas d'autre appui pour monter au Trône, il fera bien d'y renoncer.

Les bourgeois pourront l'acclamer, s'il réussit, comme ils acclameraient tout prétendant heureux ; mais pas un n'osera se mettre en avant pour lui préparer le chemin. Que pourraient-ils, d'ailleurs, contre la masse du peuple ?

« Ce n'est pas notre faute, dit M. J. Richard, si les bourgeois de 1848 ont renversé le roi constitutionnel pour laisser s'établir à sa place la démocratie triomphante.

» Il y a un certain nombre de conquêtes qui nous appartiennent, sur lesquelles M. Thiers essaie de mordre, mais dont il ne pourra enlever un lambeau.

» M. Thiers et la Chambre peuvent interdire à la famille Bonaparte l'entrée du territoire français ; ils ne parviendront pas à chasser de France les idées de démocratie hiérarchisée et ordonnée qui sont le fruit de la Révolution et de l'Empire. La révolution de 1830 n'avait changé que le Roi, la révolution de 1848 a changé le peuple ; le bon petit M. Thiers ne le veut pas, mais cela est ; Henri V l'a reconnu implicitement dans sa lettre sur le drapeau blanc, et les princes d'Orléans se tiennent à l'écart parce qu'ils ne retrouvent pas la France de leur père.

» Les bourgeois n'ont pas su garder la France : ils l'avaient, elle était à eux ; leur roi, Louis-Philippe I<sup>er</sup>, était, avec tous ses défauts, un honnête et brave homme de roi ; on a laissé renverser Louis-Philippe et installer le suffrage universel.

« Aujourd'hui, messieurs les bourgeois, c'est un malheur pour vous, mais cela est ainsi ; le peuple est souverain ; vous n'avez plus de priviléges, le cens est aboli ; il faut vous soumettre. »

Les partisans de Henri V montreraient-ils plus de résolution ? Hélas ! sous le rapport politique, la noblesse est bien dégénérée. Si quelques vieilles familles ont encore conservé les sentiments chevaleresques qui les animaient jadis, la plupart sont devenues bourgeoises.

D'ailleurs, comment faire triompher leur cause ? Que pourraient les plus énergiques dévouements contre les antipathies ou les préjugés de toute une nation ?

Les légitimistes le savent bien. « Nous seuls, disait un des leurs, avons une *solution;* seulement, *personne n'en veut.* »

*
**

Les meneurs des deux partis avaient un instant compté sur la possibilité d'une *fusion*. C'était un rêve insensé. Comment fondre en un seul deux éléments dont l'un est la négation de l'autre et qui, par le seul fait de leur fusion, seraient tous deux anéantis?

Que représente la dynastie des Bourbons? Le passé de la France, le droit traditionnel, le respect de la religion et de l'autorité séculaire, la haine de la Révolution.

Que représente, au contraire, la dynastie d'Orléans, si ce n'est la révolte contre l'autorité légitime, la violation des droits héréditaires, le libéralisme bâtard de 1830, la haine du clergé et de la noblesse; enfin, l'usurpation du Trône par celui que sa naissance avait placé au premier rang pour le défendre?

*
**

Se figure-t-on Henri V, *roy de France par la grâce de Dieu,* rentrant dans Paris, comme son aïeul Henri IV, avec son panache blanc et son écu fleurdelysé, donnant la main à l'arrière-petit-fils de Philippe-*Egalité,* au petit-fils de l'usurpateur qui, après lui avoir ravi sa couronne, déshonorait sa mère, faisait effacer les fleurs-de-lys sur l'écusson de ses ancêtres, remplaçait le drapeau *sans tache* par l'étendard de la Révolution et chantait la *Marseillaise* comme il avait chanté le *Ça-ira*; qui, le jour où la France lui était offerte par quelques députés, violait les lois fondamentales du royaume pour la frustrer des biens qu'il devait lui céder ; qui, enfin, s'était entendu avec une odieuse aventurière pour faire passer sur la tête d'un de ses fils, au détriment de la branche déchue, le magnifique héritage du dernier des Condés !

*<br>* *

Une alliance aussi monstrueuse est-elle possible ? Est-ce que le noble exilé de Frohsdorff consentirait à s'y prêter ? Et, le voulût-il, serait-il suivi par ce qui reste de cœurs généreux dans la noblesse française ?

La bourgeoisie elle-même consentirait-elle à se ranger sous le drapeau blanc ? abjurerait-elle ces traditions d'indépendance politique et religieuse dont elle est si fière ? se laisserait-elle absorber dans le parti nobiliaire et clérical ?

*Non,* cent fois *non !*

*<br>* *

Entre la branche aînée et la branche cadette des Bourbons, il y a un fossé de sang et de boue que trois souvenirs impérissables leur interdisent de franchir : l'échafaud de Louis XVI, l'usurpation de 1830, la citadelle de Blaye.

Ce dernier seul suffirait pour les empêcher à jamais de se donner la main. Si Henri V pouvait l'oublier, les *Mémoires* du plus illustre écrivain de ce siècle, du plus fidèle champion de la légitimité, de celui qui, même après les *malheurs* de la duchesse de Berry, osait encore s'écrier : « Madame, votre fils est mon roi ! » les Mémoires de Chateaubriand seraient là pour le lui rappeler.

Qui n'a lu la lettre touchante que la Duchesse adressait de sa prison de Blaye, le 7 mai 1833, à l'auteur du *Génie du Christianisme*, et où elle lui disait :

« Je comptais seulement faire connaître mon » *mariage* à la majorité de mon fils ; mais les » menaces du gouvernement, les tortures mo- » rales poussées au dernier degré, m'ont dé- » cidé à faire ma déclaration. »

Comment les vrais légitimistes auraient-ils cessé de partager l'indignation que la conduite du pouvoir inspirait à Chateaubriand et qu'il exhalait en ces termes ?

« Le monde comprend qu'une princesse peut » être une mère héroïque. Mais ce qu'il faut

» vouer à l'exécration, ce qui n'a pas d'exemple
» dans l'histoire, c'est la torture impudique in-
» fligée à une faible femme, seule, privée de
» secours, accablée de toutes les forces d'un
» gouvernement conjuré contre elle, comme
» s'il s'agissait de vaincre une puissance for-
» midable. Des parents livrant eux-mêmes leu-
» fille à la risée des laquais, la tenant par ler
» quatre membres afin qu'elle accouchât en
» public ; appelant les autorités du coin, les
» geôliers, les espions, les passants pour voir
» sortir l'enfant des entrailles de leur prison-
» nière, de même qu'on avait appelé la France
» à voir naître son roi ! Et quelle prisonnière ?
» La petite fille de Henri IV ! Et quelle mère ?
» La mère de l'orphelin banni dont on occupe
» le trône ! Trouverait-on dans les bagnes une
» famille assez mal née pour avoir la pensée de
» flétrir un de ses enfants d'une telle ignomi-
» nie ? N'eût-il pas été plus noble de tuer ma-
» dame la duchesse de Berry ? » (*Mémoires
d'Outre-Tombe.*)

*

* *

Plutôt que de se rallier à la branche cadette
les vrais légitimistes préféreraient même la
République qu'ils abhorrent.

Mais ils n'ont pas besoin, pour sauver leurs
intérêts et rester fidèles à leurs convictions

séculaires, de se jeter dans ce gouffre. A défaut de la monarchie qu'ils préfèrent, il en est une autre qui n'est ni moins glorieuse ni moins légitime, et à laquelle la plupart d'entre eux, à l'exemple de Châteaubriand, seraient tout disposés à se rallier.

Voici ce qu'il écrivait de Genève en 1832, au prince Louis Napoléon qui l'avait reçu au château d'Arenemberg :

« Vous savez, prince, que mon jeune roi
» est en Ecosse, et que tant qu'il vivra, il ne
» peut y avoir pour moi d'autre roi de France
» que lui ; mais si Dieu, dans ses impénétra-
» bles desseins, avait rejeté la race de saint
» Louis, si les mœurs de notre patrie ne lui
» rendaient pas l'état républicain possible, il
» n'y a pas de nom qui aille mieux à la gloire
» de la France que le vôtre. »

*
* *

La fusion des deux branches étant impossible, reste à savoir quelles chances de succès restent à chacune d'elles devant le *suffrage universel*.

Sur les *dix millions* d'électeurs que comprend la France, combien voteraient pour la branche aînée, combien pour la branche cadette? En attribuant à chacune d'elles *un mil-*

*lion* de suffrages, n'est-ce pas exagérer?

Si la masse de la nation est antipathique à la restauration légitimiste, n'est-elle pas plus qu'indifférente pour la dynastie d'Orléans?

Par quoi celle-ci se recommande-t-elle aux souvenirs de la France? Quels regrets y a-t-elle laissés? Qu'a-t-elle fait pour le peuple et que lui promet-elle? Quelle réforme, quels progrès a-t-elle réalisées pendant un règne de dix-sept ans; enfin, de quelle gloire a-t-elle entouré son nom?

Nous ne dirons pas, comme on l'a dit en 1848, qu'elle est tombée sous la révolution du *mépris;* ni comme M. J. Simon, que « le vieux roi est parti *vaincu* et *déshonoré,* sans laisser sur cette terre qu'il *a opprimée pendant vingt ans,* ni un regret, ni un ami;» mais il est certain que la France n'a gardé de ce règne d'autre souvenir que celui de l'*ennui* dans lequel, selon M. Guizot, il nous faisait vivre.

## CHAPITRE V.

### L'Empire.

Heureusement pour la France, il lui reste une autre dynastie, à la fois glorieuse et populaire, la seule qui puisse prétendre au titre de dynastie *nationale*, parce qu'au lieu de représenter les intérêts de telle .ou telle classe, elle représente les intérêts de tous, et qu'elle seule peut se vanter d'être sortie des entrailles du pays.

Depuis le commencement du siècle, la France l'a voulue et n'a jamais cessé de la vouloir. La trahison, d'accord avec l'étranger, a eu beau la renverser, la nation s'est obstinée à la relever.

Ne pouvant, en 1848, la replacer immédiatement sur le Trône, elle en rappela d'abord les membres, et quelques mois plus tard, malgré tous les efforts des partis contraires et du Gouvernement lui-même, elle mit à la tête de la République le chef de cette illustre dynastie, en attendant qu'elle pût en faire un Empereur.

*<br>* *

D'où vient cet irrésistible entraînement de la France vers le grand nom de Napoléon?

Des esprits étroits ne veulent y voir que l'effet de l'aveuglement des masses. Ces masses ont cent fois plus de bon sens et de logique que ceux qui s'en moquent. Le nom de Napoléon représente, pour la France, les deux choses auxquelles une nation tient le plus : ses intérêts et sa gloire.

***

Le monde entier connaît l'histoire de ce jeune héros qui, après avoir frappé d'admiration l'Occident et l'Orient, fut accueilli, à son retour en France, par les acclamations de tout un peuple qui voyait en lui le sauveur si impatiemment attendu.

« Quel spectacle, dit M. Thiers dans son *Histoire du Consulat et de l'Empire*, que celui de cette nation qui, après avoir essayé de la république sanglante sous la Convention, de la république modérée, mais inerte, sous le Directoire, dégoûtée subitement de ce gouvernement *collectif* et *civil*, demandait, à grands cris, la main d'un *militaire* pour la gouverner, courait au devant du général Bonaparte à son retour d'Egypte, et le *suppliait* d'accepter le pouvoir; le faisait consul pour dix ans, puis consul à vie, et, enfin, monarque héréditaire, pourvu qu'elle fût garantie, par le *bras vigoureux* d'un homme de guerre, de cette *anarchie* dont le spectre effrayant la poursuivait sans cesse...

» Ainsi finissait, non pas la révolution française, toujours vivante et indestructible, mais cette *république* qualifiée d'*impérissable*. Elle finissait sous la main d'un soldat victorieux, *comme finissent toujours les républiques qui ne vont pas s'endormir dans les bras de l'oligarchie.* »

* * *

Dès le lendemain du 18 brumaire, le plus radieux soleil se lève sur la France : les partis disparaissent ; l'ordre et la confiance renaissent ; tous les éléments de la société : gouvernement, lois, justice, religion, administration, finances, armée, marine, agriculture, industrie, commerce, tout ressuscite et se réorganise comme par enchantement. La victoire revient sous nos drapeaux ; les conquêtes de la révolution sont consolidées ; les limites naturelles de la France lui sont restituées, et la paix de Lunéville la rend l'arbitre de l'Europe.

* * *

Tant de prodiges, si rapidement accomplis, avaient porté au comble l'admiration et la reconnaissance du pays.

A ses yeux Napoléon n'était pas seulement le vainqueur de Rivoli, des Pyramides, de Marengo, c'était encore l'auteur de ce Code immortel qui porte son nom ;

C'était l'organisateur de cette puissante administration qui a fait la France si compacte et si forte, et lui a permis de résister à toutes les secousses révolutionnaires ;

C'était l'auteur de ce Concordat qui a relevé les autels, tout en sauvegardant la liberté des consciences;

C'était le créateur de cette rigoureuse comptabilité qui a rétabli l'ordre et l'économie dans nos finances;

C'était le fondateur de ce grand établissement de crédit qu'on appelle *la Banque de France*, qui a rendu tant de services à notre industrie, à notre commerce, à l'Etat, et les a soutenus dans les crises terribles où le crédit de tout autre peuple aurait sombré;

C'était à lui que la France devait cette invincible armée qui, pendant quinze ans, a promené à travers l'Europe nos aigles victorieuses, en semant partout les principes de l'émancipation des peuples;

C'est lui qui, plus tard, organisa cette illustre Université chargée de répandre l'instruction, à tous les degrés, dans toutes les classes de la nation;

C'est à lui qu'est due la reconstitution de la magistrature française;

C'est lui, enfin, qui, en présence des ruines du vieil édifice social, sut en dégager les matériaux bons à conserver et les faire entrer dans cet édifice de la France nouvelle, sous lequel elle a vécu jusqu'ici, sous lequel elle doit vivre, et que les utopistes s'efforcent vainement de renverser.

*<br>* *

« Bonaparte, dit Châteaubriand, n'est point grand seulement par ses paroles, ses discours, ses écrits,... il est grand pour avoir créé un gouvernement régulier et puissant, un code de lois adopté en divers pays, des cours de justice, des écoles, une administration forte, active, intelligente et sur laquelle nous vivons encore ; il est grand pour avoir ressuscité, éclairé et géré supérieurement l'Italie ; il est grand pour avoir fait renaître en France l'ordre du sein du chaos, pour avoir relevé les autels, pour avoir réduit de furieux démagogues, d'orgueilleux savants, des littérateurs anarchiques, des athées voltairiens, des orateurs de carrefour, des égorgeurs de prison et de rue, dés claque-dents de tribune, de clubs et d'échafauds, pour les avoir réduits à servir sous lui... il est grand pour avoir forcé des soldats ses égaux, des capitaines ses chefs ou ses rivaux, à fléchir sous sa volonté ; il est grand surtout pour être né de lui seul, pour avoir su, sans autre autorité que celle de son génie, se faire obéir par trente - six millions de sujets, à l'époque où aucune illusion n'environne les trônes ; il est grand pour avoir abattu tous les rois ses opposants, pour avoir défait toutes leurs armées, quelle qu'ait été la différence de leur discipline et de leur valeur, pour avoir appris son nom aux peuples sauvages comme aux peuples civilisés, pour avoir surpassé tous les vainqueurs qui le précédèrent ; pour avoir rempli dix années de tels prodiges qu'on a peine aujourd'hui à les comprendre. » ( *Mémoires d'Outre-Tombe.*

* * * * *

Quelques pages avant, Châteaubriand disait :
« Le monde appartient à Bonaparte. Ce que le ravageur n'avait pu achever, sa renommée l'usurpe. Vivant, il a manqué le monde ; mort, il le possède. Vous avez beau réclamer, les génórations passent sans vous écouter ! »

Et, comme quelqu'un demandait à Châteaubriand pourquoi, après avoir si violemment attaqué Napoléon, il l'admirait à ce point, le grand écrivain répondit : « Il a fallu que le géant fût tombé pour que je pusse mesurer sa grandeur ! »

* * *

C'est probablement pour *mesurer* aussi *sa grandeur,* que les forcenés de la Commune, les exécuteurs des hautes œuvres du gouvernement de Septembre, ont jeté sur leur fumier de la place Vendôme, la statue du *Géant,* avec le monument le plus glorieux, le plus populaire de notre histoire.

Au cri d'horreur que cet acte sauvage a fait pousser à la France entière, nos vandales ont pu juger de l'énormité de leur crime, et les *hurras* enthousiastes des prussiens qui les contemplaient ont dû leur apprendre qu'ils venaient de frapper la patrie au cœur.

*
* *

Pas un grand écrivain de la Restauration ou du gouvernement de Juillet qui n'ait payé à Napoléon I<sup>er</sup> son tribut d'admiration. Lamartine et Victor Hugo lui doivent leurs plus beaux vers :

Ecoutons l'auteur des *Méditations poétiques* :

Depuis ces deux grands noms qu'un siècle au siècle annonce
Jamais nom qu'ici-bas toute langue prononce
Sur l'aile de la foudre aussi loin ne vola.
Jamais d'aucun mortel le pied qu'un souffle efface
N'imprima sur la terre une plus forte trace.

. . . . . . . . . . . . . . . .

Ce nom, il est inscrit en sanglants caractères
Des bords du Tanaïs au sommet du Cédar,
Sur le bronze et le marbre et sur le sein des braves,
Et jusque dans le cœur de ces troupeaux d'esclaves
Qu'il foulait tremblants sous son char.

. . . . . . . . . . . . . . . .

Etre d'un siècle entier la pensée et la vie,
Emousser le poignard, décourager l'envie,

Ebranler, raffermir l'univers incertain
Aux sinistres clartés de sa foudre qui gronde,
Vingt fois contre les rois jouer le sort du monde,
    Quel rêve! et ce fut son destin!

Victor Hugo, dans ses *Orientales*, ne se montre pas moins enthousiaste.

Toujours lui! lui partout! Ou brûlante ou glacée!
Son image sans cesse ébranle ma pensée.
Il verse à mon esprit le souffle créateur,
Je tremble, et dans ma bouche abondent les paroles
Quand son nom gigantesque, entouré d'auréoles,
Se dresse dans mes vers de toute sa hauteur.

Histoire, poésie, il joint du pied vos cîmes.
Eperdu, je ne puis dans ces mondes sublimes
Remuer rien de grand sans toucher à son nom.
. . . . . . . . . . . . . . . .
Tu domines notre âge, ange ou démon qu'importe?
Ton aigle dans son vol, haletants, nous emporte.
L'œil même qui te fuit te retrouve partout.
Toujours dans nos tableaux tu jettes ta grande ombre,
Toujours Napoléon, éblouissant et sombre,
    Sur le seuil du siècle est debout!

Et l'on voudrait que la France oubliât cette gloire !
Des écrivains médiocres, s'inspirant des rancunes du parti qui se dit *libéral* et qui serait mieux appellé *antinational*, ont essayé, comme le serpent de la fable, de mordre à ce bloc de granit. Ils y ont brisé leurs dents venimeuses.

Un gouvernement d'aventure peut en faire des ambassadeurs; il n'en fera pas des Français.

*
* *

La gloire du nom de Napoléon est un héritage national. Jamais ce nom et celui de la France ne pourront être séparés.

Pour rendre leur union indissoluble, nos pères ne se contentèrent pas de donner à ce grand homme le pouvoir suprême, ils voulurent encore le transmettre à sa postérité en lui conférant l'*Empire héréditaire*.

Ainsi avaient fait les Romains quand, sur les ruines de leur république, également perdue par ses propres excès, ils établirent l'Empire et ne voulurent pour empereurs que des membres de la famille de leur grand César.

*
* *

Nous avons hérité des sentiments de nos pères, et nos enfants hériteront des nôtres. Chaque fois que la France a pu exprimer librement sa volonté, c'est vers le nom de Napoléon qu'elle a tourné ses regards, c'est dans sa descendance qu'elle a choisi son chef.

En croyant que *noblesse oblige*, la France ne s'est pas trompée. Comme l'empire romain sous le règne d'Auguste, elle s'est élevée, sous le règne du neveu de Napoléon, à un degré de prospérité qu'elle n'avait jamais connu.

Les revers de la dernière guerre, jusqu'à Sedan, n'étaient que des malheurs faciles à réparer, si la trahison des uns et l'ambition des autres ne les avaient changés en effroyables désastres, et si, pour comble, le mensonge n'avait séparé la France du seul souverain qui pouvait la relever.

*<br>* *

Mais le règne du mensonge n'a qu'un temps. Les yeux de tous ceux que n'aveugle pas l'esprit de parti commencent à s'ouvrir à la vérité. Le moment est proche où la nation, désabusée, secouera le joug du régime impuissant qui la ruine, pour se rejeter dans les bras de cette dynastie qui l'a déjà deux fois sauvée.

*<br>* *

A sa rentrée triomphante de l'île d'Elbe, Napoléon trouva notre trésor à sec, nos arsenaux vides, notre armée désorganisée et réduite à rien ; la plupart de nos ateliers fermés et nos ouvriers inoccupés

Dès le lendemain, l'armée se réorganisait, les arsenaux se remplissaient, 40 millions étaient étaient mis à la disposition de l'industrie pour la ranimer, le travail reprenait avec cette fiévreuse activité que Napoléon communiquait à tous, et les ouvriers se disaient entre eux : « On voit bien que le *grand entrepreneur* est revenu.»

Parcourez aujourd'hui lesquartiers populeux, interrogez les fabricants et les marchands, partout on vous répondra qu'on voit bien que l'héritier du *grand entrepreneur* est absent, que le travail et les affaires ne renaîtront qu'à son retour.

Que voulez-vous? Les masses se souviennent. Elles ne peuvent s'empêcher de comparer nos misères présentes avec la prospérité d'un passé si près de nous. Leur gros bon sens leur dit que celui qui avait fait la France si heureuse et si riche est seul capable de l'arrêter sur le penchant de sa ruine.

Ces masses vont encore plus loin. Il n'est pas un paysan, un ouvrier honnête qui ne soit instinctivement convaincu que l'Empereur, seul, peut nous débarrasser des Prussiens, nous rendre l'Alsace et la Lorraine, et nous mettre en état de prendre une glorieuse revanche.

Les masses ont peut-être tort; mais elles croient à la vertu magique d'un nom, et le spectacle des impuissances qu'elles ont sous les yeux n'est, certes, pas fait pour les désabuser.

*<br>* *

Quelque temps avant le 2 décembre 1851, M. Thiers avait dit : « L'Empire est fait, » Avant peu, il pourra dire avec non moins de certitude : « L'Empire est rétabli. »